*C*on mucho afecto

Para:

De:

Fecha:

Deseo que, además de disfrutar
descifrando el misterio de Gaia,
encuentres en esta lectura
reflexiones de valor para tu vida

Que Dios te bendiga siempre

Carlos Cuauhtémoc.

EL MISTERIO DE GAIA

Derechos reservados:

D.R. © Carlos Cuauhtémoc Sánchez. México, 2004.

D.R. © Ediciones Selectas Diamante, S.A. de C.V. México, 2004.
Libros que transforman vidas.

Convento de San Bernardo núm. 7, Jardines de Santa Mónica,
Tlalnepantla, Estado de México, C.P. 54050.
Tels. y fax: (55) 53-97-79-67
(55) 53-97-31-32
(55) 53-97-60-20

Miembro núm. 2778 de la Cámara Nacional de la
Industria Editorial Mexicana.

Correos electrónicos: info@editorialdiamante.com
ventas@editorialdiamante.com
Páginas web: www.editorialdiamante.com
www.carloscuauhtemoc.com

ISBN 968-7277-59-9

Las ilustraciones fueron realizadas por TRUE MULTIMEDIA como obra remunerada por encargo.
Formación y diseño: L.D.G. Leticia Domínguez Castañeda.

IMPORTANTE:
En la portada de todos los libros *El misterio de Gaia*, debe figurar el holograma de autenticidad, tridimensional, con la forma de un diamante, exclusivo de los libros originales. Si esta obra o cualquier otra no lo tiene, favor de dar aviso a la P.G.R. o a Ediciones Selectas Diamante, reportando el lugar en donde lo adquirió.

IMPRESO EN MÉXICO
PRINTED IN MEXICO

CARLOS CUAUHTÉMOC SÁNCHEZ

ILUSTRADO POR TRUE MULTIMEDIA

EL MISTERIO *de* GAIA

Cuento extraído del libro *Luz y tinieblas*

Una sorprendente historia de esclavitud y esperanza,

inspirada en hechos reales

Ediciones Selectas Diamante
Líder mundial en novelas de superación

Agradecimientos

Hace tiempo que dejé de escribir en soledad. En mi trayectoria como escritor he logrado aciertos y cometido errores. Al final he comprendido que por más que se tengan sanas intenciones y buena preparación, siempre es necesaria la asesoría de otras personas. En este cuento la necesité de forma especial. Su finalidad y concisión lo convirtieron en un trabajo muy complejo. El entusiasmo hacia el tema me movía, pero el peso de la responsabilidad me paralizaba.

Gracias a todos mis asesores por formar ese paciente equipo. Algunos de ustedes me dieron dirección durante los primeros bocetos. Otros me ayudaron en las últimas etapas. Lo cierto es que, sin sus opiniones, este trabajo jamás hubiera llegado a ser lo que hoy es.

Muchas gracias: Prbro. Jorge Dorantes, Ivonne Herrera, Sheccid Ivonne, Rosa Elena Gutiérrez, Ivi Sahian, Carlos Zahid, Liliana Sánchez, Emilio Aparicio, Pilar Sánchez, Cuauhtémoc Sánchez, Lety Domínguez, Aurora Martínez, Verónica Valencia, José Manuel Vega, Paty Cebrian, Lilia Gómez, José Luis Rodríguez, Mauricio Herrera, Teresita Herrera, Alejandro Orozco, Rosa María Orozco, Patricia Cazzaro, José Francisco Hernández, María Fernanda Galván, José Alberto Ríos, Eduardo Lira, Fabiola Camacho, Jessica Domínguez, Karina Rivera, Jorge Uriega, Arturo Ayala, Miguel Morett, Adriana Martín del Campo, Socorro Terrones y Luis Ahumada, S.J.

Quiero dar un agradecimiento especial a los ilustradores de True Multimedia. Desde que vi sus primeros dibujos me di cuenta que eran muy talentosos.

Por último, Rosaelia Villareal, gracias por transmitirme tu visión; concebí este cuento mientras te escuchaba hablar.

Introducción

Nunca tuve buenos maestros de Historia. En algunas clases mi mayor ganancia fue aprender a dormir con los ojos abiertos. Odiaba tener que recitar de memoria nombres, fechas y aburridos acontecimientos. Por eso cuando enfermó nuestro profesor titular y llegó la maestra suplente, desperté de un salto al oírla explicar la conquista de América con una comparación fantástica.

—Imagina —dijo—, que te conviertes en astronauta y formas parte de la gran expedición espacial a Venus. Imagina que encuentras el planeta poblado por seres parecidos a nosotros, pero distintos en muchos aspectos. Los venusinos son hombrecitos buenos que tratan de hacerse tus amigos, pero te das cuenta de que poseen grandes riquezas y piensas: "Si pudiera llevarme todo esto, me volvería el hombre más rico de la Tierra". Entonces tramas un plan para engañarlos….

Ella continuó con la metáfora. Todos en el aula la escuchamos, casi sin parpadear. ¡La conquista de América se veía mucho más clara así!

A partir de entonces comencé a razonar la historia de otra forma. Aprendí a hacer comparaciones: "*Esto* que ocurrió, es como si hubiera ocurrido *esto otro*". Y con símiles fantásticos, captaba mejor la realidad.

El misterio de Gaia es un cuento basado en sucesos reales. No pretendo agregar, quitar o mezclar detalles a la historia. Tampoco trato de construir mi propia versión de los hechos. Por el contrario, quiero compartirle al lector la analogía que imaginé para lograr apreciar, desde un nuevo ángulo, acontecimientos maravillosos que, tal vez por haberme familiarizado tanto con ellos, habían perdido su encanto.

Este cuento pretende honrar la verdad, dignificar lo sucedido, enfatizar los portentos del pasado y hacer que quien lo lea deje de recitar fechas y nombres para que vibre con la comparación de "*aquello* que ocurrió es como si hubiera ocurrido *esto*".

CCS

Capítulo 1

$\mathcal{E}$sa tarde Ian nadó sin detenerse durante varios minutos. Al fin llegó a la plataforma donde se cultivaban perlas. Estaba hecha de madera, protegida con aceite negro. Al tocarla sintió cómo sus manos se adherían a la superficie pegajosa.

Unos hombres movían el contenido de enormes tinas usando varas de bambú como si estuvieran preparando sopa para caníbales; otros, llenaban cubetas con el caldo y las acomodaban en filas interminables.

Olía a sudor y a pescado.

Dos gendarmes pasaron caminando junto a él. Se sumergió para no ser descubierto. Después volvió a sacar la cabeza del agua muy despacio. Identificó entre los trabajadores algunas caras conocidas: amigos, familiares, vecinos; todos ellos vigilados por los grotescos verdugos vestidos con ropa oscura. Les decían los "abaddones". Se rumoraba que sufrían una rara enfermedad y no podían exponer su piel al sol. Eran seres extraños, misteriosos. No comían el alimento de las personas. De vez en cuando daban bocanadas al aire para aspirar una sustancia del ambiente. Eso los mantenía fuertes. Cuidaban los campos de trabajo y ejercían una poderosa influencia mental sobre los prisioneros.

Uno de los esclavos se tropezó y dejó caer la cubeta que cargaba. Cientos de almejas se esparcieron en el piso engrasado. Lo que Ian observó a continuación

le quitó el aliento: Varios trabajadores se acercaron al hombre que estaba en cuclillas tratando de recoger las conchas y comenzaron a golpearlo con las varas de bambú.

¿Qué era todo eso? ¿Cómo podían los vecinos y familiares de la isla ser tan crueles con uno de sus compañeros?

El pobre sujeto se arrastró por la plataforma. Su cuerpo magullado se había ensuciado con el aceite pegajoso dándole un aspecto espeluznante. Ian tuvo miedo, pero su angustia se convirtió en terror cuando lo reconoció.

Era su padre.

Susurró:

—Papá… ¿Qué te hicieron?

El hombre se asombró al ver a su hijo en el agua.

—¡Ian! ¿Qué haces aquí? ¡Vete! Pronto…

Un abaddón escuchó la corta plática y se giró con velocidad felina.

Por varios segundos Ian observó los ojos siniestros del verdugo; las pupilas le brillaron con esplendor rojizo. Sólo un animal podía ver de esa manera. Ian nunca había creído en los cuentos de horror, pero entendió que los poderes con los que esos seres controlaban a tanta gente debían provenir de los mismos abismos infernales.

Se echó a nadar de regreso a la isla. Sabía que ellos podían alcanzarlo en un barco con facilidad, pero lo dejaron escapar. Al fin y al cabo, lo habían visto y sabrían dónde encontrarlo.

Capítulo 2

*L*legó a su casa angustiado y fatigado. Su mamá estaba sentada a la mesa dándole clases al pequeño Jacco. En la isla no había escuelas, pero algunas mujeres enseñaban a sus hijos a leer y escribir.

Ian les contó lo sucedido. Salme agachó la cara consternada, luego se puso de pie y miró de frente al joven.

—Todo va a estar bien, hijo.

—¿Cómo puedes decir eso, mamá? ¡Estamos condenados a morir! ¡Esta isla se está pudriendo!

—No digas eso, Ian. Debemos tener esperanza.

—¿Esperanza? ¡Los habitantes de Gaia están llenos de miedo y odio! ¡Aborrecen al dictador, pero hacen lo que él dice! ¿Por qué?

—¡Somos esclavos! —comentó el pequeño Jacco—, ¿qué esperabas?

—Tú apenas tienes diez años, hermanito. ¡Yo tengo diecisiete! Muy pronto me llevarán a trabajar para los abaddones en las minas de carbón, los sembradíos, o el cultivo de perlas, y no quiero…

—Mamá —preguntó Jacco—, ¿ese es nuestro destino? ¿Ser esclavos?

Salme abrazó a sus dos hijos.

La realidad era demasiado cruda para tratar de ocultarla.

—Sí. A menos que… hagamos algo… Pedir ayuda al emperador… tal vez…

—¡Ni siquiera sabemos si existe ese señor! —protestó Ian—, algunos dicen que es sólo una leyenda.

—¡El emperador existe! —dijo la mujer—. Puedo asegurarlo.

Los muchachos se miraron con un destello de esperanza. Ian cuestionó:

—¿Dónde vive? Soy capaz de hacer cualquier cosa para ir a verlo.

—¡Y yo te acompaño! —agregó el pequeño.

Salme agachó la cara con pesar. Ella también tenía preguntas respecto a cómo sacar a su familia y a su pueblo de ese pozo, pero no sabía las respuestas.

—Mañana comenzará la feria… —dijo cual si pensara en voz alta—. Tal vez podamos aprovechar para enviarle un mensaje…

—Mamá —reprochó el joven—, ¡en la feria llegan sólo seres horribles a comprar gente! ¡Traficantes de esclavos! ¡Mercaderes sucios! ¿Cómo le enviaremos un mensaje al emperador?

—Vienen barcos de muchos lugares y… bueno… quizá… alguien pueda llevarle una nota de auxilio… Si él quisiera… podría… no sé… Tiene riqueza, guerreros y sabiduría para acabar con la esclavitud de esta isla…

Se hizo un silencio prolongado. El plan de liberación de la madre era vago, pero los jóvenes estaban decididos a todo.

Se escuchó el ruido de la puerta que se abría muy despacio. Un hombre encorvado entró a la casa con pasos lentos.

Capítulo 3

—¡ *P*apá! —dijo Ian saltando para abrazarlo—. ¡Ya llegaste! Estaba preocupado por ti.

—¡Y yo por ti! Hijo, ¿qué hacías en las plataformas?

El joven no contestó. Pasó cariñosamente sus dedos por la cara de su padre.

—Te golpearon muy duro. ¿Estás bien?

—¡Sí! —tomó la mano del chico—. Estoy bien. Pero tú, debes obedecerme. ¡No vuelvas a arriesgarte! ¿Me oíste?

—Papá, necesitaba saber lo que hay en ese lugar. Tal vez pronto me obliguen a ir.

El padre se desplomó en una silla y tomó con ambas manos un vaso que había sobre la mesa.

—Tal vez…

—¿Qué ocurre? ¿Por qué estás tan triste?

—Nos ficharon para la feria.

—¿Cómo?

—A ti y a mí.

El asombro se convirtió en mutismo y el silencio en pesadumbre.

—¡No puede ser! —exclamó Salme.

—Sí, mi amor. Tal vez ésta sea la última noche que pasemos juntos.

—¡Es mi culpa! —dijo Ian.

—No es culpa de nadie —aseguró Salme aparentando entereza—. Sabíamos que podía ocurrir tarde o temprano… La feria se organiza cada año —fingió animarse—. Pero hay muchas personas que sobreviven. Acuérdense lo que dicen: Si los eligen para una prueba, resistan. Durante la subasta de esclavos, fínjanse enfermos. Con suerte nadie los comprará y regresarán a la casa dentro de dos semanas, como si nada hubiera pasado.

Salme terminó de hablar y el eco de su voz permaneció en el aire unos segundos. Después salió de la estancia a toda prisa y los tres hombres la escucharon sollozar.

Ian analizó la situación. Su padre era grande y fuerte, pero tímido. Había visto cosas terribles de las que no quería hablar y en su rostro se adivinaba un miedo muy arraigado. Su madre, en cambio, aunque trataba de ser optimista y hablaba sin cesar para dar ánimo a su familia, se estaba muriendo por dentro.

—Papá —preguntó Jacco—. ¿Dónde vive el emperador?

—Nadie lo sabe.

—¿Crees que si nos comunicamos con él, querrá ayudarnos?

—Lo ignoro.

—¿Por qué nos abandonó?

—Se sintió herido por lo que hizo la gente.

—Cuéntanoslo de nuevo.

Al niño le gustaba escuchar la misma historia. Zeb suspiró, como si sus pensamientos le produjeran emociones de profunda pena.

Capítulo 4

—*H*ace algunos años —recitó Zeb con la vista fija—. Gaia estaba habitada por indígenas primitivos. Vivían en la selva y ni siquiera sabían cosechar. Un día, llegó un enorme barco blanco, con velas altísimas hechas de una tela satinada que destellaba. Todos los habitantes de Gaia salieron a contemplarlo. Las puertas de la embarcación se abrieron y bajaron muchas personas que cargaban vigas de madera y materiales de construcción; también traían animales domésticos: morcas, jamelgus, sarcos y gallinas. Al final de la fila, apareció un hombre de espesa barba vestido con ropaje dorado lleno de incrustaciones preciosas. Era el emperador. Nadie sabe de dónde vino ni por qué escogió este lugar para implantar su reino, pero se cuenta que hacía cosas extraordinarias. En pocos años, transformó la isla. Fundó un pueblo civilizado, con casas, calles y carruajes. Todo era prosperidad, hasta que llegaron los abaddones. También aparecieron en una embarcación enorme. Dijeron que venían en son de paz y pidieron hospedaje. Hallaron algo en la isla que les gustó: Una misteriosa sustancia llamada wanu que flotaba en el aire. Al principio escaseaba, pero encontraron la forma de producir más. No se sabe cómo. Corrieron la voz de que el emperador era malvado. En poco tiempo, organizaron una rebelión para asesinarlo, pero la noche en que asaltaron el castillo, la familia real había desaparecido.

Jacco cuestionó:

—El rey había llegado con mucha gente buena. ¿Se fueron todos?

—Sí... No soportaron la traición…

—¡Claro! ¡Traicionar es lo que mejor hacemos aquí! —dijo Ian—. ¡Yo vi cómo los supuestos amigos te golpeaban! También sé de vecinos que se convierten en "gendarmes", aliados de los abaddones, y de personas que acusan a sus compañeros por hablar mal del dictador. ¡Traidores! ¡De eso está llena esta isla!

—No juzgues a la gente con tanta severidad, hijo. Debes comprender que algo terrible nos afecta a todos. Cuando el emperador se fue, Gaia se tiñó poco a poco de negro, como si una nube de maldad se hubiese posado sobre nosotros. El comandante invasor se autoproclamó gobernante y ocupó el palacio real. La oleada de odio y desacuerdos separaron a familias enteras. Hubo caos. La violencia se multiplicó. Nadie sabía lo que sucedía. Muy pocos están conscientes, hasta la fecha, de que los abaddones pueden controlar a las personas con la mente.

—¿Y a ti, también te controlan?

—A veces…

—¡Pues a mí no! ¡Y jamás lo harán!

—¡A mí tampoco! —dijo Jacco.

Zeb observó a sus hijos y prefirió callar; sabía que Gaia era un hervidero de malos sentimientos, e incluso los niños de la isla tenían miedo y rencor.

—Mañana —anunció Ian—, robaré una balsa y remaré hasta encontrar ayuda.

—¡Y yo iré contigo! —dijo Jacco.

—No —intervino el padre—. Eso sería un suicidio. Debemos pensar en otro plan.

Salme regresó a la estancia, aterrorizada.

—Me asomé por la ventana. ¡Los abaddones están afuera! ¡Vienen por ustedes!

Capítulo 5

*A*lguien golpeó la puerta de forma violenta.

—¿Qué hacemos? —preguntó Ian.

—¡Escóndanse! —opinó la madre.

—¡No! —dijo el papá—. Podrían hacerles daño a Jacco y a ti.

—Qué importa. Salgan por la ventana. Yo inventaré algo.

Se escuchó una voz desde afuera.

—¡Si no abren, usaremos trionidexamina!

—¡Huyamos, papá!

Casi al instante hubo una explosión. La chapa se hizo pedazos.

Los gendarmes entraron pateando la puerta. Eran personas violentas que usaban lentes luminosos.

Zeb trató de proteger a su familia poniéndose al frente.

—¿Qué desean?

—¡Ustedes están fichados!

—¡Mi hijo es apenas un niño! Por favor, llévenme sólo a mí.

Ian reclamó a los intrusos:

—¿Por qué trabajan como gendarmes ayudando a los abaddones? ¿No se dan cuenta de que esos monstruos cometen crímenes a través de ustedes?

Un abaddón entró a la casa y preguntó con su característica voz pastosa:

—¿Qué ocurre aquí? —Era el mismo tipo con ojos felinos que descubrió a Ian espiando en las plataformas.

—¡Estos dos se niegan a ir, a pesar de que ya tenían conocimiento!

—No nos negamos —dijo Zeb—. Sólo trato de explicar…

El abaddón concentró su mirada sin decir nada. Ian y su padre sintieron un fuerte dolor en el estómago y se doblaron, gritando.

—¡Déjenlos, por favor! No los torturen —suplicó Salme.

Jacco trató de golpear al abaddón, pero fue detenido por los gendarmes.

El pequeño pataleó y lanzó puñetazos al aire.

—¡Dejen a mi familia! ¿Por qué no se van a comer en otro lado la porquería del aire que tanto les gusta, y nos dejan vivir en paz? ¡Lárguense!

Sometieron al pequeño y le doblaron un brazo como para rompérselo.

—¡Ay! ¡Me duele! ¡Ay!

—¡No le hagan nada al niño! —dijo Zeb sin dejar de apretarse el abdomen—. Cooperaremos. Ian, no trates de hacer una tontería.

Capítulo 6

*C*uando el muchacho fue subido al carruaje de esclavos, sintió que su cuerpo entero le hormigueaba y se encorvó sobre la tarima de madera. Estuvo encogido con la frente en el piso durante varios minutos.

Su padre había sido puesto en otra jaula.

Después de un rato miró alrededor. Todavía le dolía un poco el estómago. Era como estar inmerso en la peor pesadilla. Los gendarmes continuaban irrumpiendo en las casas para capturar a mujeres y hombres fichados. Había quienes se resistían y eran arrastrados por la fuerza; la mayoría, sin embargo, desfilaban voluntariamente.

Decenas de celdas rodantes tiradas por jamelgus estaban en fila, una detrás de la otra. Los verdugos daban a los arrestados de cada celda una botella de holo para calmar los ánimos. La estrategia funcionaba. Los cautivos se sentaban resignados y comenzaban a pasarse el tarro de boca en boca.

—Dale un sorbo —le dijo un flaco sin dientes a Ian—. Te caerá bien.

El holo era una droga líquida, con sabor exquisito, que producían los abaddones. Mucha gente era adicta a ella y sólo vivían para tomarla.

—No, gracias.

De pronto, Jacco salió de entre las ruedas. El jamelgu detrás del carruaje dio un respingo y se paró de manos lanzando un rugido.

—Eeeeeee… —gritó Ian para calmarlo—, eeeee…

El animal exhaló por la nariz haciendo un ruido efervescente.

—¿Qué haces aquí, hermanito?

—Te traje esto.

El niño introdujo una bolsa de tela entre los barrotes y echó a correr de regreso a la casa.

Ian abrió el paquete muy despacio. Había un cuaderno y carboncillos.

Se sintió conmovido.

—¿Para qué te trajeron eso? —cuestionó el flaco desdentado.

—Mi hermanito disfruta mucho dibujando, y quizá piensa que si yo hago lo mismo la pasaré mejor.

—¡Déjate de tonterías y toma un trago de holo!

—No, señor. Gracias.

—¡Hey! —gritó alguien más—. ¡Pasa la botella!

Ian siguió revisando la bolsa que le había llevado Jacco. Hasta el fondo había una cápsula de trionidexamina. ¡El material que usaban los gendarmes para provocar explosiones como la que abrió la puerta de su casa! Quizá se le había caído a uno de ellos cuando Jacco se les enfrentó.

Ian la apretó entre sus manos.

Con eso podría escapar.

Capítulo 7

*L*a caravana comenzó a avanzar de forma definitiva. Del lado izquierdo estaba la selva inhóspita, del lado derecho el mar. Había siete embarcaciones ancladas que se balanceaban al ritmo de las olas.

—¡Debemos pedir ayuda! —dijo Ian buscando apoyo en los compañeros de su celda—. ¡No podemos ir al matadero con esta tranquilidad!

Casi todos estaban embriagados por el holo. Sólo un sujeto de aspecto rudo y turbante en la cabeza permanecía sobrio. Le contestó:

—Sé paciente, muchacho. La libertad está cerca, pero tienes que esperar.

—¿A qué te refieres?

Bajó la voz para decir en secreto:

—Habrá guerra. En la selva se está preparando un grupo de ataque.

—¿De verdad?

—Sí. Un hombre muy valiente y enérgico está al frente. Desde hace varios meses todos hablan de él. Tiene mayores poderes que los abaddones y defiende a los isleños. Es un buen mediador, porque cuando ha estado en medio de una riña, los abaddones huyen.

—No lo puedo creer —dijo Ian—. Mis padres piensan que lo mejor sería enviar un mensaje al emperador. Sin duda vive cerca de aquí. ¡Él llegaría con todo su ejército y acabaría con los abaddones!

—¡Tonterías! —aseguró el tipo del turbante—. El emperador nos dio la espalda. Se fue a otra tierra y no le importó nada. Dicen que su gente ha venido a divertirse a las ferias y que él mismo hace negocios con los abaddones. ¡Observa! ¡Su barco está ahora mismo anclado junto a la isla!

De las siete embarcaciones oscuras sólo había una amarillenta que en el pasado pudo haber sido blanca. Llevaba el escudo del imperio con tinta descascarada en la proa.

—¿Te das cuenta? ¡Ese es el barco del emperador! También viene a traficar esclavos.

—¡No puede ser! Mis padres dijeron que…

Las carretas pasaron junto al muelle. Desde la cubierta del enorme barco amarillento se asomaron varios centinelas. Eran hombres corpulentos y armados. Ian les gritó con todas sus fuerzas pidiéndoles ayuda, pero se mantuvieron impasibles. No parecían interesados en auxiliar a los esclavos.

El muchacho sintió una profunda decepción. La fila de carruajes dobló por el sendero que se alejaba del mar para internarse entre los árboles. Ian tomó la píldora de trionidexamina y la rompió sobre la cerradura.

—¡Apártense! —gritó—. ¡Va a explotar!

Los prisioneros se cubrieron la cabeza de forma instintiva cuando el líquido derramado detonó. La rcja cayó al suelo. Los jamelgus se asustaron y algunos echaron a correr desbocados. Hubo heridos de poca gravedad.

El muchacho saltó del carruaje y corrió a los matorrales.

Capítulo 8

Se produjo una gran confusión en la caravana. Algunos de los prisioneros que iban en el carruaje de Ian salieron huyendo también. Los abaddones trataron de detenerlos, pero no lo lograron. Entonces se enfurecieron, abrieron su horrible boca para aspirar la sustancia del aire que los fortalecía, y levantaron ambas manos. De sus dedos salieron lengüetas de fuego que provocaron incendios en los árboles.

Ian corrió con todas sus fuerzas. Mientras lo hacía, gemía de rabia y desesperación. La isla entera era una cárcel. No importaba a dónde se dirigiera, seguiría prisionero. Cuando se sintió agotado, detuvo su loca carrera para esconderse. Pasó la noche mirando hacia todos lados y sobresaltándose ante el menor ruido. Después de varias horas se durmió.

El sol brillaba con toda intensidad cuando abrió los ojos. Una fila de hormigas había subido a su rostro. De inmediato, se sacudió la cara y se puso de pie. Su corazón comenzó a latir con fuerza al darse cuenta de que no estaba solo. Había un grupo de hombres parados junto a él.

Fingió valor y preguntó:

—¿Quiénes son ustedes?

—Tus amigos.

—¡No! —dio dos pasos hacia atrás—. ¡Quieren hacerme daño! ¡Son gen-

darmes disfrazados! ¡Traidores! ¡Traicioneros!

El líder del grupo se acercó a Ian, y lo miró.

—Calma, hijo.

—¿Por qué me dices hijo? ¡No eres mi papá!

—Calma…

El joven notó que de ese sujeto emanaba un calor incomprensible, capaz de filtrarse por los poros de la piel de quienes estaban cerca de él.

—¡Ya entiendo! —se asombró—, en el carruaje dijeron que había alguien...

Dejó la frase sin concluir.

Era él.

—Únete a nosotros y deja de preocuparte.

Ian no supo qué contestar. Necesitaba con desesperación ser protegido, y esos hombres parecían muy seguros al abrigo de su líder. Sin duda, como le habían dicho, el jefe de los rebeldes era todo un personaje, ¿pero en realidad sería más poderoso que los abaddones? ¿Sería capaz de provocar una revolución? Y, sobre todo ¿sería digno de confianza?

Ian se unió a él sin haberse contestado las preguntas.

Capítulo 9

$\mathcal{L}$os primeros días, Ian se la pasó observando. El grupo de insurgentes deseaba una guerra de independencia, pero su jefe, a quien todos llamaban Mediador, no les había dicho cuál sería el procedimiento de ataque.

Una mañana, los rebeldes levantaban piedras para fortalecer sus músculos y Mediador les preguntó:

—¿Por qué hacen tanto ejercicio?

—¡Deseamos estar preparados cuando des la señal! —respondió uno de ellos—. ¡Asesinaremos a todos los abaddones de una buena vez! Los atacaremos por sorpresa. ¡La gente de Gaia merece ser libre!

—Se equivocan —dijo Mediador—. El plan es otro.

Dejaron las piedras en el suelo y se acercaron a su jefe.

—Dinos de una vez —suplicó Cariote, el hombre que organizaba el gimnasio—. ¿Qué va a pasar?

—¡Sí! —gritaron a coro—. ¡Queremos saber!

El líder los invitó a sentarse. Comenzó a explicar con voz suave, pero firme.

—Emprenderemos una campaña para dejar sin alimento a los abaddones. Sólo así acabaremos con ellos.

Todos escuchaban con interés. Para descifrar el misterio de Gaia era necesario saber, entre otras cosas, cuál era la sustancia del aire que saboreaban esos engen-

dros cada vez que abrían la boca y babeaban.

—Comen Wanu —se adelantó Ian—, mi padre me lo dijo.

—Exacto —aprobó Mediador—, ¿y saben de dónde proviene el wanu?

—No.

—Se los voy a explicar: Cuando los corazones de las personas se corrompen emiten una materia volátil. Mientras más miedo, odio, envidias, ira, placeres perversos y vicios hay entre la población, más se pudre el corazón de la gente, más wanu se volatiliza y más alimento tienen los verdugos. Sé que es difícil aceptarlo, pero en esta isla no hay quien haga lo bueno ¡no hay ni siquiera uno! Todos se han ido por el mal camino. Las personas se han pervertido: sus labios esconden veneno de víbora, sus bocas están llenas de maldición y amargura, y sus pies corren ágiles a derramar sangre. ¡Observen a su alrededor! Por doquier hay homicidios, adulterios, robos, mentiras. ¡La única forma de ayudar a la gente a librarse, no es provocando más violencia sino invitándolos a limpiar sus corazones! De esa forma dejarán de producir wanu y los abaddones se irán.

Los revolucionarios estaban atónitos. ¿De modo que Mediador no planeaba atacar a los abaddones con palos y golpes? ¿En dónde quedaban los propósitos de guerra y la sed de venganza?

Aunque muchos se sintieron decepcionados, creían en su líder y no hicieron más preguntas.

Capítulo 10

*I*an había decidido formar parte del grupo de rebeldes, pues creía con firmeza que el jefe lograría hacer un cambio positivo, y quería ayudarlo.

Una noche, estaba ensimismado en sus pensamientos cuando sintió que Mediador se acercaba a él.

—¿Qué te ocurre, Ian? Pareces triste.

—Estoy preocupado por mis padres y hermano —respondió el joven—. Los extraño mucho. Hace varios meses que no los veo.

—Ellos están bien.

Ian observó a Mediador. Sin duda tenía informantes que lo ponían al tanto de todo. Era un hombre extraño: firme, alegre y sensible. Siempre sabía dar el consejo perfecto en el momento adecuado.

—Háblame más de mi familia, por favor…

—Tu papá no fue vendido en la feria —aclaró Mediador—. Regresó a tu casa un poco más débil y atemorizado, pero sano. Ha vuelto al cultivo de perlas. Jacco aprende más cada día en su escuela casera con tu mamá. Todo marcha como de costumbre. Además, hace tiempo les envié un mensajero para informarles que tú también estabas bien y que no debían preocuparse.

—¿De veras?

—Sí…

Ian se limitó a asentir con un nudo en la garganta.

—Es bueno saber eso —las lágrimas le nublaron la mirada.

Mediador abrazó al joven. Fue un abrazo fraternal y tierno. Ian sintió que nadie en su vida lo había ceñido así y correspondió el gesto abrazándolo también. Junto a ese hombre, Ian se sentía seguro y en paz.

—Ahora entiendo —dijo el muchacho—, por qué los abaddones no pueden hacerte daño. Tu corazón está limpio por completo. No produce wanu.

Mediador sonrió. Luego comentó:

—¡Vé que hermoso es el firmamento!

Ian miró con cuidado la estela dorada del corredor de asteroides.

—Esos nimbos de luces que aparecen cada noche —dijo Mediador—, se deben a un viento interestelar atraído por la formidable fuerza magnética de nuestras lunas.

—¡Ah! —respondió Ian impresionado—. Es algo increíble. Nunca me había dado cuenta de lo bellos que son.

Se recargó en el hombro de Mediador, sintiéndose más sensible y humano que nunca. Por primera vez en su mente no había odio ni rencor.

Su corazón se estaba limpiando.

Capítulo 11

*H*e decidido escribir algunas notas, usando el papel y el carboncillo que Jacco puso en la bolsa de tela que me dio cuando lo vi por última vez.

Estoy aprendiendo mucho. Cada día crece más mi afecto y admiración por Mediador. Lo he visto hacer cosas increíbles y lo he escuchado decir palabras muy fuertes que dejan asombrados a todos. Algunos se sienten ofendidos. Otros le aplauden.

He caminado días enteros junto a él. Está realizando una campaña para invitar a todos a "limpiar sus corazones".

Yo no tenía idea de lo grande que es nuestra isla: Hay cientos de pueblos y aldeas; en cada una existen abaddones distintos que oprimen a la gente, y la gente, por desgracia, se deja oprimir. Aunque no puedo oler el wanu, sin duda corre por el aire como ráfagas de viento pestilente.

Lo más chistoso de nuestras excursiones es ver cómo los niños siguen a Mediador, mientras los abaddones le huyen.

Hace poco, vimos que uno de los esclavos de los sembradíos era golpeado por sus compañeros, como le pasó a mi padre. Mediador intervino para detener la paliza. Los gendarmes retrocedieron al sentir la autoridad y fuerza con la que nuestro líder los reprendió. De inmediato, los abaddones lo rodearon para atacarlo levantando sus infernales dedos de los que salen llamaradas, pero esta

vez no lograron expulsar ni una flamita. Ante el asombro de los que estábamos ahí, los monstruos babearon, dando bocanadas al aire para fortalecerse con el wanu del ambiente, y quisieron provocarle dolor con su magia negra, pero fue inútil también. Mediador salió caminando ileso.

Hace poco, pasamos cerca de mi casa. Algunos vecinos me reconocieron y trataron de denunciarme. Mediador me defendió. Creo que muchos sienten envidia de verme caminar por la isla al abrigo de este nuevo líder. El resentimiento los consume. Me dijeron a gritos que estoy condenado a terminar asesinado en alguna feria. Espero que se equivoquen.

Confieso que aún no comprendo el plan de Mediador. En ocasiones supongo que organizará un ejército de la noche a la mañana, convocando a todos sus simpatizantes, y a veces creo que se ha buscado demasiados enemigos para lograr algo así.

De lo que sí estoy seguro es de la forma en que yo he cambiado a su lado. Lo admiro y lo respeto. Gracias a él, ahora mis pensamientos son más claros y mis sentimientos más buenos.

También me he fortalecido físicamente.

Creo que cuando vea de nuevo a mi familia no me reconocerán.

Capítulo 12

*L*a feria estaba de nuevo en su apogeo.

Esta vez los horrores parecían peores que en ningún año.

Había pánico en la isla.

—¿Qué ocurre? —le preguntó Cariote a su dirigente—. ¿Por qué hay tanto alboroto?

—El rey de los abaddones está organizando un espectáculo cruel.

—¿Cuál es la novedad? ¡Siempre lo hace!

—No, Cariote. Esta feria será distinta. Apollyon implementará un sistema de torturas para poner a prueba la resistencia de algunos voluntarios. Con ese método venderá a los esclavos.

Sin necesidad de entrar en detalles, todos se dieron cuenta de que iba a ser algo terrible y nadie se atrevió a preguntar más.

—Hoy vi —comentó otro de los rebeldes—, que estaban llegando muchos traficantes a la isla. ¡Seres deformes y horrendos, de la misma naturaleza que los abaddones! Quieren llevarse a nuestra gente para levantar reinos de terror como el que hay aquí; cultivar perlas, construir barcos, palacios y calles.

Mediador aclaró:

—Te equivocas. Las riquezas materiales no les importan a los mercaderes. El verdadero fondo de todo, es que ellos también comen wanu. Véanlos en la feria; se

la pasan olfateando a los esclavos.

Ian sonrió con cierto aire de optimismo.

—¡Por eso no compraron a mi padre hace tres años! ¡Mi familia está más limpia! ¿Verdad?

Mediador agachó la cara preocupado. Parecía tener un don fuera de serie porque conocía por anticipado lo que iba a ocurrir. Al fin dijo:

—Ian, tu papá ha sido fichado otra vez y será subastado como esclavo nuevamente.

El muchacho se quedó mudo al escuchar la terrible noticia.

—Ya soy un hombre —dijo—; voy a cumplir veinte años y no puedo quedarme con los brazos cruzados. Necesito ir a rescatar a mi papá…

Mediador respondió:

—Déjame ese trabajo a mí… Esta vez, yo iré a la feria.

—¿Qué piensas hacer? —preguntó Cariote—. ¿Vas a atacar, al fin?

—Sí…

—¿Cómo? ¿Cuál es el plan?

El líder comenzó a explicar. Sus palabras eran demasiado extrañas y contradictorias. Los murmullos entre los rebeldes fueron creciendo de tono hasta volverse protestas y discusiones. Cariote, incluso, se mostró furioso y comenzó a decir majaderías.

Mediador los miró. Después apretó los labios y se apartó del grupo con una profunda decepción.

Por primera vez todos estaban asustados.

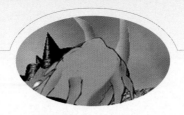

Capítulo 13

*E*n la calzada había una verdadera procesión de horrendos mercaderes. Muchas personas del pueblo también iban hacia el anfiteatro con intenciones de ver los espectáculos de la feria. Ian estaba asombrado de la naturaleza humana: esa multitud morbosa e imprudente se sentía segura por estar afuera de las celdas, pero no tomaba en cuenta que el siguiente año podía estar adentro…

Detrás de un enorme enrejado habían sido puestos los esclavos a la venta. Ian se dio cuenta con gran dolor que su padre estaba en el primer grupo que se ofrecía.

—¡Esta es la subasta magna! —decía un abaddón, sobre la tarima, con su horrible voz babosa—. ¡El rey Apollyon da la bienvenida a todos los visitantes! Hoy, sólo venderemos esclavos al mayoreo, mediante el nuevo juego del anfiteatro.

Los compradores se paseaban entre las jaulas, olfateando.

—¡Tenemos en el enrejado al primer grupo! ¡Como pueden oler, la mayoría son ejemplares atractivos. ¡Trabajarán en donde ustedes dispongan, pero lo más interesante es que les proporcionarán alimento de calidad para el aire de sus tierras! Incluimos en el lote algunas hembras ¡Preparen sus apuestas! ¡No se queden atrás! ¿Quién va a participar?

—¡Mi sirviente lo hará! —se escuchó una voz.

Hubo exclamaciones de asombro.

—¡Aquí tenemos a un concursante! ¡Si soporta la prueba, su amo se quedará con todo el grupo de esclavos; si pide misericordia, los esclavos se repartirán entre los apostadores!

Muchos traficantes jugaron, deseosos de que el sirviente suplicara piedad y perdiera. Así ganarían esclavos a bajo costo.

—¡Esto es indignante! —dijo Ian comprendiendo al fin de qué se trataba el juego—. ¡Tenemos que ayudar a ese pobre hombre!

Mediador no le contestó.

Cuatro gendarmes destaparon la nueva máquina de torturas.

Capítulo 14

$\mathcal{E}$l sirviente fue atado a una rueda que le estiraba los huesos poco a poco. Apollyon, sentado en primera fila, levantó el reloj de arena, lo giró en el aire y dio la señal.

Los cables se tensaron. El hombre trató de compensar con su fuerza el tirón del mecanismo, pero la maquinaria fue ganando ventaja. El tipo comenzó a sudar y a emitir aullidos de dolor, luego se quedó con la boca abierta en un rictus de angustia. Hizo un esfuerzo máximo y las cuerdas de la polea rechinaron al llegar al tope. El condenado comenzó a suplicar:

—¡Es demasiado! ¡Por favor, suéltenme!

—¡Te faltan tres minutos para superar la prueba! —le dijo su amo—. ¡Puedes lograrlo!

—¡No!

—¡Aguanta, infeliz! ¡Te lo ordeno!

—¡No!… —gritaba el hombre—. Por favor. ¡No puedo más!

Los abaddones aflojaron la tensión y anunciaron:

—¡El concursante ha perdido!

Se escuchó la voz atronadora de los mercaderes que reclamaban su premio.

Antes de que el horrible locutor pudiera coordinar la venta del siguiente grupo de esclavos, Apollyon, en persona, se levantó de su trono y se paseó frente a la

gente. Era un ser altanero y repulsivo. Explicó:

—Este aparato tiene cinco diferentes niveles de dolor. Ustedes han visto el primero. Quien lo soporte, será propietario del lote de esclavos a la vista. Si alguien resiste el segundo, podrá llevarse cinco lotes —comenzó a reírse de forma obscena—. Quien aguante el tercer nivel, bueno, ese podría ganar todos los esclavos de la feria —de pronto paró de reír, como si estuviera estableciendo un negocio serio y dictaminó—: ¡Si alguien soporta el cuarto y el quinto nivel, será dueño de toda la isla!

La jactancia del dictador intimidó a los posibles participantes.

—¿Quién tiene algún voluntario que ofrecer?

La horda fue guardando silencio poco a poco. Sin duda, otro desvergonzado empujaría a su sirviente al frente en cualquier momento. Ian se puso nervioso cuando sintió a Mediador moverse. Por su mente pasó la aterradora idea de que el líder mandaría a alguno de sus seguidores para la prueba, pero de inmediato rectificó. Eso era imposible. ¿Entonces qué estaba haciendo? ¿Por qué avanzaba hacia el frente con tanta decisión? ¿Con qué fin subía las escaleras del entarima-do?

Ian avanzó tras él, dispuesto a pelear o a hacer cualquier otra cosa que le ordenara. Los abaddones se hicieron a un lado para dejarlo subir. Ian, atcrrado, se detuvo en la escalera.

—¿Qué haces? —preguntó con legítima angustia—. Por favor, baja de ahí.

Pero Mediador no lo escuchaba.

Capítulo 15

—*H*ola, Apollyon.

El dictador avanzó muy despacio y, como un gato que se eriza, levantó los hombros en forma amenazadora. Su rostro comenzó a deformarse horriblemente. Se hinchó y erupcionó.

—Vaya, vaya, vaya —dijo—. ¿A quién tenemos aquí? ¡La persona que ha causado más revueltas y rumores en nuestra isla por tanto tiempo!

—Vengo a comprar a los esclavos.

La voz de Mediador era imponente.

—¿Pretendes formar un ejército para acabar conmigo?

—Yo no necesito un ejército para eso.

—¿No? ¿Entonces puedes hacerlo solo?

—Son tus palabras.

Al dictador no pareció divertirle la respuesta. Parecía que la seguridad de su entrevistado lo turbaba.

—¿Así que quieres comprar un lote de esclavos?

—No. Quiero toda la isla…

Apollyon comenzó a reír de forma tan escandalosa que algunos lo imitaron con pequeñas sonrisitas. Después de un rato estalló:

—¡Eres un insolente, despreciable! ¿Cómo te atreves a retarme? ¿Supones que

puedes soportar hasta el quinto nivel de tortura? ¡Suplicarás en el segundo, te desmayarás en el tercero y morirás en el cuarto! Además en el supuesto imposible de que aguantaras, yo no me voy a ir de aquí jamás —hizo un gesto de tristeza fingida—. ¡Este es mi hogar! —respiró hondo disfrutando el wanu del aire—, no podría vivir en otro lado.

—Yo pagaré el precio de los esclavos —respondió Mediador—. Y aunque sé que de todos modos te quedarás aquí, en cuanto compre a las personas les enseñaré cómo limpiar sus corazones y ya no podrás dominarlas. Serán mías y tu reinado acabará.

El rostro de Apollyon se hinchó y se tiñó de color rojo como si estuviese a punto de explotar. La muchedumbre comenzó a abuchear. Esta vez, incluso los esclavos tomaron partido contra Mediador.

—¡Qué atrevimiento!

—¿Se cree un superhombre?

—¡Es otro dictador que desea explotarnos!

La multitud enaltecida animaba a que el espectáculo continuara.

—¡Que lo torturen hasta la muerte! ¡Se lo merece!

—Sí. Acaben con él. ¡Destrúyanlo!

Ian se desesperó mirando a su alrededor. Todos los amigos de Mediador habían huido. Sólo quedaba uno del grupo, pero de forma extraña y ridícula se había unido a la torva enaltecida en contra de su líder. Era Cariote.

Ian sacudió la cabeza. Eso no podía estar pasando.

Capítulo 16

—Voy a darte unos minutos —dijo Apollyon paseándose con prepotencia—, para que me pidas perdón y te arrepientas frente a toda esta gente a la que has agitado. Si insistes en retarme, serás atado a la rueda y forzaremos el engranaje hasta el límite. Tus huesos no se romperán, pero sí tus tendones y ligamentos. En la segunda etapa, tu cabeza será sujetada por los cinchos que ves aquí y cuando estés inmóvil introduciremos estos finos punzones en tus oídos. Sólo lo suficiente para romperte los tímpanos. El procedimiento se hará con lentitud. Cambiaremos las agujas por estas varillas estriadas y las insertaremos de nuevo. Tal vez seas física y mentalmente fuerte y quieras impresionar a toda esta gente, pero cuando raspemos tus nervios auditivos, perderás toda tu concentración y lanzarás alaridos. Te lo puedo asegurar.

Los presentes estaban atentos, imaginando el dolor de semejantes martirios. Ian volvió a buscar a los demás amigos del grupo para que entre todos ayudaran a su líder a salir del peligro, pero no vio ninguna cara conocida.

El rey de los verdugos continuó su discurso.

—En el tercer nivel usaremos a dos carniceros expertos en matar reses y limpiar la carne. Te quitarán la camisa y te sujetarán de espaldas al público. Con los afilados utensilios que ves aquí, cortarán la piel de tu espalda usando un cuidadoso procedimiento. Levantarán la punta inferior izquierda y jalarán.

Después, introducirán una espátula para ir rompiendo los tejidos que unen la piel al cuerpo. Para tu información, a eso se le llamaba desollar o quitar la piel. La cuarta prueba será rápida. Calentaremos esta plancha de la máquina hasta ponerla al rojo vivo, luego la levantaremos con cuidado para colocarla encima de tu espalda descarnada. La plancha hará un ruido siseante y desprenderá gran cantidad de humo al contacto con tu cuerpo. Eso es será a la vez el más doloroso procedimiento y la mejor cauterización de la herida abierta. No queremos que mueras, todavía —hizo una pausa mostrando una sonrisa aborrecible—. La última prueba —anunció—, tendrá una duración de diez periodos del reloj. Giraremos la plancha hasta que quedes acostado. Entonces bajaremos despacio este cubo de acero que te aplastará y lo iremos empujando con el tornillo. Para evitar que tus costillas se revienten, necesitarás hacer un gran esfuerzo contrayendo los músculos, pero a los pocos minutos dejarás de respirar. Conocerás el agobio de alguien atrapado que no puede moverse y se asfixia lentamente. Sabrás lo que es enloquecer de desesperación antes de morir. ¿Qué dices? ¿Aún deseas hacerlo? ¿Quieres dar tu vida para intentar liberar a una horda de patanes y pillos? ¡Vamos, contesta!

El pueblo entero había enmudecido, al escuchar las brutales descripciones del dictador. Apollyon tenía la sartén por el mango y podía tanto matar a su víctima, como hacerla suplicar clemencia desde lo más hondo de su ser.

—¿Hay algún voluntario —preguntó Apollyon, al ver a Mediador impasible—, que quiera darse el gusto de ayudarnos a amarrar a este hombre?

Una persona levantó la mano y avanzó decidido ante el asombro de todos.

Capítulo 17

*C*ariote subió los escalones.

—Yo conozco a Mediador —dijo con asombroso cinismo mientras ataba a su líder—. ¡Es un fanfarrón! Conviví con él. Está loco. ¡Siempre supe que terminaría mal! ¡Mátenlo de una vez!

Terminó de hacer los primeros amarres y bajó de la tarima. Ian estaba en shock. No podía creer lo que sus ojos habían visto. Cariote se perdió entre la gente.

Las torturas comenzaron. Fue el espectáculo más desgarrador e impresionante que jamás se vio. En cada prueba Mediador apretó los dientes, sus venas se saltaron por el esfuerzo, y lágrimas de dolor salieron de sus ojos cerrados. Ian se tiraba de los cabellos. Por los poros de Mediador salía sudor con sangre.

—¡Paren! —suplicaba con desesperación—, por favor. ¡Él no se merece esto!

En ese instante su maestro lo miró a los ojos. Por medio segundo le transmitió un intenso sentimiento de afecto, como si quisiera decirle que todo estaba bien. Ian percibió con claridad el amor de ese hombre hacia él, y se quedó boquiabierto.

—¡Basta! —volvió a decir, llorando—. ¡Déjenlo!

Las torturas continuaban. Ian, se puso en cuclillas y respiró despacio tratando de controlar las náuseas. Colocó la frente en el piso y vio otra vez la amorosa mirada de Mediador que se había grabado en su mente.

Tanto los esclavos como los repulsivos mercaderes animaban con morbo a que

el espeluznante espectáculo prosiguiera.

—¡Destrócenlo! ¡Mátenlo! ¡Se lo merece!

—¡Tonto! ¡Héroe de pacotilla! ¡Muere de una vez!

¿Qué estaba ocurriendo? ¡Su maestro era demasiado inteligente para acabar así!

—¡No! —repitió Ian poniéndose de pie—. ¡Suéltenlo, por favor!

De pronto la gente guardó silencio porque se desató una tormenta eléctrica en los alrededores. Cientos de formidables relámpagos comenzaron a bailar causando agujeros de tierra carbonizada. Los rayos se entrelazaban haciendo un ruido estentóreo. Se formaron nubes de humo negro que hicieron toser a la multitud.

Durante la quinta tortura, Mediador dejó de respirar y la tensión de su cuerpo se aflojó por completo. En ese instante los relámpagos cesaron. Apollyon levantó los brazos en señal de triunfo y ordenó que mostraran al público el cuerpo del torturado.

—Este infeliz —gritó—. Tiene los oídos rotos, los ligamentos desarticulados, la espalda lacerada y los pulmones reventados. Yo soy el amo y señor de esta isla. ¡Todo aquel que se atreva a desafiarme quedará hecho pedazos! ¿Está claro?

Esta vez, el silencio se prolongó y poco a poco la gente comenzó a protestar. Era demasiada crueldad. Los esclavos movieron el enrejado para tirarlo. Cayeron las verjas y la gente corrió en todas direcciones. Algunos hicieron frente a los traficantes de esclavos, otros se atrevieron a golpear a los abaddones. Ian estaba como paralizado. Había perdido sus fuerzas, sus esperanzas, sus sueños de libertad. Miró el cuerpo de Mediador sobre la tarima y sintió un impacto tremendo.

¡Estaba moviendo la cabeza!

Capítulo 18

*S*ubió corriendo los escalones.

—¡Hey! ¡Oigan todos! ¡Mediador está vivo!

Nadie le hizo caso.

El torturado se había quedado quieto de nuevo.

¿Fue una ilusión óptica o acaso vio la expiración de su último aliento?

Le tomó el pulso.

Nada.

El cuerpo de Mediador estaba tan maltrecho que Ian no se atrevió a tocarlo más. Lo contempló en silencio con nudo en la garganta.

Sintió una mano sobre su hombro. Se giró despacio. Era su papá.

El joven lo abrazó, soltándose a llorar.

—¿Viste lo que ocurrió? ¿Papá, lo viste?

—Sí, hijo. Fue algo terrible… Este hombre era bueno. Jamás debió ser castigado así.

—¡No tienes idea de lo bueno que era!

Ian se puso de rodillas y se agachó sobre el cuerpo de su maestro.

—¡Me dio tantos consejos sabios! ¡Me consoló tantas veces cuando estuve triste! Su carácter era firme, pero su mirada siempre reflejó amor… ¡No te imaginas lo extraordinario que fue! —la voz se le apagó por el llanto—. ¡Siempre

hizo el bien! —agregó entre sollozos—, y trató de liberar a este pueblo, hasta el final.

—Tal vez lo logró… ¡Mira el barullo que se ha creado! ¡Toda la gente de Gaia se está rebelando! Quizá ese era el plan que él tenía. Después de ver estas torturas, nadie aceptará volver a someterse.

—No lo creo, papá. La gente aquí es muy débil. Sus corazones siguen sucios.

—Pero si Mediador era tan sabio como dices, ¿por qué dejó que esto pasara?

—¡No lo sé!

El padre de Ian se hincó junto al muchacho. Sabía que su dolor era legítimo y le colocó un brazo sobre la espalda para unirse a él.

—Te quiero mucho, hijo.

Ian no paraba de llorar.

Una mujer y un jovencito se acercaron. Eran Salme y Jacco. La familia entera se volvía a reunir, pero las circunstancias eran demasiado confusas para festejar.

—Debemos irnos —dijo Jacco—. Este lugar es peligroso. Los abaddones han enloquecido. Levantan las manos para lanzar llamaradas ¡y no sale fuego de sus dedos! ¡Están furiosos porque parece que han perdido sus poderes! Respiran con fuerza como si les faltara el aire. Los gendarmes ya no los obedecen… ¡La gente está enfrentándose contra ellos!

—¡Vamos, hijo! —insistió Zeb—. Levántate. No ganas nada con estar aquí. Tenemos que huir.

Capítulo 19

*I*an tardó en reaccionar. Cuando lo hizo, fue demasiado tarde.

Los secuaces de Apollyon arrojaron redes y formaron nuevas barricadas. Aunque la mayoría de los esclavos escaparon, mucha gente quedó atrapada. Entre ellos Ian y su familia. También apresaron a los amigos de Mediador que estaban escondidos. El único desaparecido del grupo fue Cariote.

Poco a poco, durante los siguientes dos días, el dictador comenzó a tomar el control de la isla otra vez y se reorganizó la feria.

Antes de abrir de nuevo el inhumano circo, los esclavos fueron colocados en medio de la explanada principal para recibir un regaño. Apollyon salió de su palacio y caminó entre las personas. Su rostro horrendo se había vuelto más repugnante que nunca. Dijo con furia:

—¡Gusanos, depravados, infames, viles, majaderos, asnos, animales! ¿No se dan cuenta que jamás podrán huir de mí o hacerme daño? Soy muy superior a ustedes. ¿Acaso lo ignoran? Cuando quiera, puedo aplastarlos con mi puño como se mata a una mosca…

La cercanía de ese ser siniestro intimidó a Salme. Estar a unos pasos de él era aterrador. Emitía vibraciones malévolas que causaban repulsión y pánico.

—¡Ustedes son míos! ¿Entienden? ¡Míos! El emperador que fundó la isla se fue para siempre —recordó con gran satisfacción—. ¡Yo lo observé desde esta

colina cuando se retiraba dejándome dueño y señor de todo lo que hay aquí!

Interrumpió su reprimenda para girar la cabeza con vivacidad felina.

—¿Qué pasa?

El monstruo escuchaba un ruido amenazante que nadie podía oír.

Los prisioneros se pusieron alertas. Fueron minutos de gran tensión.

Al fin, la gente percibió algo. ¡Parecía el sonido de mucha gente acercándose por la vereda! Ian se adelantó. Su corazón latía con fuerza.

¿Eran pasos de jamelgus y rumores de una marcha acompasada?

—Papá —susurró—. ¿Tú supiste qué le hicieron al cuerpo de Mediador? ¿Lo enterraron?

—Lo ignoro. ¿Por qué?

—Después de que volvieron a atraparnos, ya no lo vi sobre la tarima…

—¿Qué estás pensando?

El ejército que se aproximaba llegó al fin hasta la explanada.

Eran cientos de personas vestidas de blanco.

El líder se abrió paso hasta llegar frente a Apollyon.

—¿Quién eres? —preguntó el dictador—. ¿Qué significa esto?

El recién llegado bajó de su jamelgu y se acercó.

—Vengo a reclamar mi parte del trato que hicimos.

—Pe… pe… pero no puede ser. ¡Tú estás muerto!

Capítulo 20

$\mathcal{E}$l jefe del ejército se quitó la capa que traía y giró el cuerpo para que todos pudieran ver su espalda descarnada.

—Soy yo, estoy vivo y exijo lo que me corresponde.

Apollyon perdió la compostura por completo. Titubeó. Quiso rebatir, pero se percató de que su poder era mínimo comparado con el del hombre que acababa de llegar. Mediador lo encaró.

—¡Te ordeno que dejes libres a estas personas!

—No… no… A… abaddones… Ge… gendarmes… capturen… vengan...

Ninguno de los partidarios del perverso se atrevió a mover un dedo. Estaban tan impactados como su amo. ¿Quién era ese sujeto? ¿Cómo había logrado sobrevivir? ¿De dónde provenía su poder capaz de intimidar al rey de la intimidación?

—Mediador… —murmuró Apollyon—. ¡Ahora entiendo! ¡Lo supuse! Tú eres…

—Sí. Soy quien tú piensas. Amo esta isla. Mi padre y yo la fundamos. Cuando llegaste a corromper los corazones de las personas, nos fuimos de aquí, pero con un profundo dolor en el alma. La noche en que nuestro barco se alejó, el emperador lloraba. Él nunca se olvidó de su gente, pero les retiró su mano protectora por un tiempo porque no toleraba respirar el wanu de la isla.

Ian sintió un escalofrío. ¿Sería posible? El misterio de Gaia comenzaba a

descifrarse. Mediador continuó:

—¡El emperador, mi padre, es mil veces más poderoso que tú, y lo sabes! Si él quisiera, podría venir aquí a tomar esta tierra. Los soldados que me acompañan son una pequeñísima parte de sus ejércitos… Sin embargo, él quiere que las personas elijan. En eso consiste la libertad.

—¿Y… y… por eso… viniste tú a comprarlas? —la pregunta de Apollyon era tímida, como la que haría un desahuciado a su doctor.

—Sí. Desde que asaltaste nuestro castillo y nos alejamos de esta tierra, tomé la decisión de que volvería.

—No… no… en.. tiendo. ¿Por qué te dejaste torturar?

—Las personas aquí traicionaron al emperador. Se unieron a ti y comenzaron a cometer crímenes, incestos, bestialidades, actos degradantes y engaños. Se llenaron de vicios. Permitieron que sus corazones se corrompieran. ¡En efecto, merecían un castigo muy grande! Tan grande como la muerte misma. Tú lo sabías. Por eso disfrutabas viéndolos morir. Matándolos poco a poco. Para la gente de Gaia no había escapatoria… a menos que alguien pagara por ellos de una vez y para siempre el castigo que les correspondía. Eso fue lo que hice. Saldé su deuda. Ahora son libres. Los he comprado con mi propia sangre. Quienes se den cuenta de eso serán restaurados y sus corazones quedarán limpios.

Apollyon se encorvó y caminó asustado, alejándose poco a poco. Dio la vuelta y fue a encerrarse en su castillo. Tras él, se refugiaron todos los abaddones.

Capítulo 21

*L*a gente, asombrada, se dispersó poco a poco en distintas direcciones.

El sol pareció brillar con mayor intensidad. Una leve llovizna empezó a caer refrescando la tierra y humedeciendo el aire.

Mediador caminó. Algunos lo siguieron hasta el muelle. En el mar, sólo quedaba el enorme navío amarillento con el escudo del emperador en la proa. Por fuera estaba disfrazado con la suciedad de Gaia, pero por dentro era brillante y esplendoroso. Todo había sido parte de un plan: hacer que la majestuosidad se mezclara entre la miseria para poder llegar así hasta los más desdichados.

La compuerta del enorme navío se abrió y la luminosidad de los interiores deslumbró a la gente. Dos filas de fuertes soldados con ropa clara hacían valla.

Mediador volteó hacia quienes lo acompañaban para despedirse antes de subir. Sólo quedaban los alumnos que él estuvo preparando. Todos menos Cariote.

—¡No entendemos, maestro! —le dijo uno de ellos—. ¿Te vas a ir otra vez y nos dejarás en Gaia con Apollyon y los abaddones?

—El mal debe existir —contestó—, para que ustedes puedan elegir el bien. Yo les di autonomía, y ahora son capaces de escoger…

—¡Pero el dictador es más poderoso que nosotros y volverá a someternos!

—No. A partir de hoy, las personas de Gaia gozarán de independencia mental. Quienes insistan en pervertirse y trabajar para los abaddones, lo harán por su

propia conciencia, pero quien elija ser limpio, lo logrará.

—¡Queremos irnos contigo! —dijo Ian.

—A donde yo voy, no me pueden seguir ahora, mas me seguirán después. Volveré por ustedes… y por todos los que hayan tomado la decisión correcta.

—Si me llevas —insistió Ian—, seré tu esclavo incondicional. ¡Me compraste!

—En efecto, te compré y deberías ser mi siervo, pero tengo otra buena noticia: Mi padre ha prometido adoptar como hijos a quienes acepten el pago que hice por ellos.

—¿Qué?

—¡Serás hijo adoptivo! Tendrás los derechos de un hijo de familia.

—¿Hijo del emperador… igual que tú?

—No igual en funciones, porque yo administro el reino, pero, por todo lo demás, ya no serás esclavo sino hijo y heredero.

—Con respeto —susurró Ian—, eso es absurdo…

—Lo es... Mi papá hace cosas que parecen absurdas a veces… Por ejemplo, los ama tanto que me envió para darles otra oportunidad. ¡Corran la voz!

—La gente pensará que estamos locos. Nos atacarán.

—En efecto, pero contarán con mi fortaleza. Yo soy el mediador entre mi padre y la gente de Gaia. Nadie verá al emperador si no acepta mi mediación —subió al barco—. Regresaré una noche cuando menos lo esperen, en cualquier momento; y se irán a mi reino todos los que hayan limpiado sus corazones confesando con su boca que aceptan ser libres gracias al pago que hice. Mientras tanto, vayan y enseñen a toda la gente que no sabe nada de esto.

Ian giró buscando a sus padres y a su hermano. No estaban cerca. ¡Era a los primeros a quienes debía darles la buena noticia!

Se izaron las brillantes velas nacaradas.

Con profunda nostalgia, pero con una nueva esperanza y una certeza de que todo estaría bien a partir de ese momento, sus amigos lo vieron alejarse. Aún convivirían con el mal, pero ahora tendrían la fortaleza para hacer el bien y difundirlo.

Se quedaron en la playa por largo rato mientras el barco se iba.

—Gracias —susurró muy quedo Ian, mirando el horizonte, con lágrimas en los ojos—. De verdad aprecio lo que hiciste… ¡Siendo un rey te humillaste al máximo para darnos libertad! En todo caso, a nosotros nos correspondía sufrir el castigo que tú sufriste. Gracias. Muchas gracias, por tu amor…

Los doce que estaban en el muelle se abrazaron.

Luego se dispersaron e iniciaron su trabajo.

Epílogo

Gaia es el nombre que dieron los griegos al planeta en que vivimos. Significa Madre Tierra. Abaddón es el apelativo hebreo que se le da al ángel del abismo en la Biblia. Los abaddones son el ejército de los demonios. Apollyon es el término griego con el que se designa a Satanás (Ap. 9,11), Ian, significa Juan, y Mediador es la palabra con la que el apóstol Pablo llama a Jesucristo en su primera carta a Timoteo (1 Tim 2,5).

"El misterio de Gaia" es una metáfora. No pretende simplificar ni caricaturizar la historia de la salvación, sino, por el contrario, tomar una pequeña parte de ella para exaltarla, hacerla brillar y mostrar un escenario imaginario de la lucha espiritual que libramos hoy en día.

Las crueles torturas descritas en este cuento son afines a las que sufrió el Mediador de la vida real. Las interminables caminatas hirieron su cuerpo, los insultos laceraron sus oídos, la corona de espinas desgarró su cabeza, los latigazos y palos deshicieron su espalda; al final, aunque quizá su corazón estalló, también es muy posible que el tormento de la cruz le provocara asfixia total, pues la muerte de quienes eran colgados de un madero ocurría porque los pulmones se comprimían por el peso del cuerpo.

Siguiendo la equivalencia, los seres humanos, en general, estamos perdiendo la guerra contra el yugo maligno que nos esclaviza. Sin duda nuestros corazones se

han corrompido y hemos atraído demonios que ahora viven alrededor de nosotros, deleitándose con nuestra corrupción. A la vez, es urgente asimilar que el proceso para liberarnos resulta más simple de cuanto hemos creído: aceptar el pago del Mediador, y seguirlo sin condiciones.

Ojalá hagamos conciencia de que en la dimensión invisible de nuestras vidas, el drama de Gaia existe en verdad, formamos parte de él y lo protagonizamos día a día sin darnos cuenta.

Luz y tinieblas

Novela autobiográfica
en la que el autor nos muestra
sus caídas y desaveniencias.
Mediante una interesante trama
descubrimos que después de caminar
en la oscuridad, podemos apreciar
mejor la luz.

Busca los mejores libros de superación
para niños y jóvenes

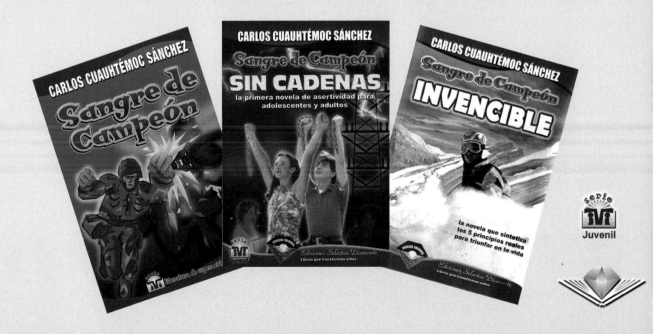

Esta obra se terminó de imprimir el mes de Marzo del 2004
en los talleres de Gráficas Monte Alban, S.A. de C.V.
ESD 59-2-M-25-03-04